康郡中文學校

Contra Costa Chinese School

CHINESE 2
WORKBOOK

TRADITIONAL

作者 王君琳 Chunling Wang
陳秀雲 Connie Chen
羅敏 Min Lo

名字:______________________________
Name

Contra Costa School School / 321 Golf Club Road, Pleasant Hill, CA 94523 / 925-8375888 / www.cococs.org / cccs1976@gmail.com

Contra Costa Chinese School

Chinese Level 2 Worktbook
Traditional

Authors: 王君琳 Chunling Wang
陳秀雲 Connie Chen
羅敏 Min Lo
Voice: 羅敏 Min Lo
Worksheets: ArchChinese.com
The Far East Book Co.
Images: Microsoft Word
publicdomainvectors.org
Editor: 蔡雅蘭 Yalan Tsai
林松 Song Lin
English Editor: 朱蔚藍 Lisa Chu
Director: 陳賜文 John Chen

Contra Costa Chinese School
Diablo Valley College (DVC)
321 Golf Club Road
Pleasant Hill, California 94523

http://www.CoCoCs.org

Mailing Address:
Contra Costa Chinese School
P. O. Box 4598
Walnut Creek, CA 94596-0598

School Contact:
Principal: John Chen, PhD.
Tel: 925-837-5888
Email: cccs1976@gmail.com

Contra Costa Chinese School ("CCCS") recognizes that the growing educational needs of Mandarin Chinese language and Chinese culture arise out of the emerging Chinese role on world stages; that the school must meet the challenges of a multi-ethnic community; that each student is an individual with unique learning experiences and needs; and that together we will help each student build confidence in his or her Mandarin language skills. Being a multi-ethnic and entirely volunteer-run educational community, CCCS' parents, volunteers, administrators, teachers, students, and staff work together to create an academic, social, and safe environment where everyone can respect and learn from one another.

Our goal is to facilitate the development of our students' self-confidence in learning Mandarin, and to inspire each student to meet their academic challenges with openness, enthusiasm, and a willingness to solve learning problems. Within a caring, respectful, diverse multicultural environment, CCCS is dedicated to serve parents, students, teachers, and volunteers within an atmosphere of cooperation, with respect for community values and individual differences. CCCS is also committed to sustaining a school that meets the challenges of cultural diversity, individual learning needs, and new teaching methods and learning tools.

Printed in USA
First Printing, August, 2018
ISBN-13: 978-1-9745-0127-4
ISBN-10: 1-9745-0127-2

Contra Costa Chinese School
321 Golf Club Road
Pleasant Hill, California 94523
http://www.CoCoCs.org

目錄 Table of Contents

Vocabulary Index 1

Pinyin 2

Lesson 1 上學去 Go to School 3

Lesson 2 有什麼 What do I Have? 17

Lesson 3 我的樣子 What do I Look Like? 31

Lesson 4 我的身體 My Body 45

Lesson 5 吃什麼 What do I Eat? 59

Lesson 6 停看聽 Stop, Look , and Listen 73

Lesson 7 玩遊戲去 Playing Games 88

Lesson 8 一年四季 The Four Seasons 102

Lesson 9 我的媽媽 My Mother 116

Lesson 10 我的爸爸 My Father 131

Level 2 Vocabulary - Traditional / 生字表(繁/正)

戴 dài	帽 mào	子 zi	穿 chuān	鞋 xié	拿 ná	書 shū	包 bāo	去 qù	看 kàn
說 shuō	聲 shēng	本 běn	杯 bēi	枝 zhī	筆 bǐ	張 zhāng	白 bái	紙 zhǐ	腦 nǎo
題 tí	回 huí	答 dá	裡 lǐ	桌 zhuō	方 fāng	椅 yǐ	圓 yuán	胖 pàng	瘦 shòu
高 gāo	矮 ǎi	句 jù	長 cháng	短 duǎn	樣 yàng	眼 yǎn	睛 jīng	嘴 zuǐ	耳 ěr
朵 duǒ	雙 shuāng	手 shǒu	聽 tīng	做 zuò	事 shì	忘 wàng	開 kāi	牛 níu	奶 nǎi
麵 miàn	果 guǒ	汁 zhī	治 zhì	飯 fàn	菜 cài	吃 chī	飽 bǎo	喝 hē	夠 gòu
路 lù	車 chē	左 zuǒ	右 yòu	紅 hóng	燈 dēng	停 tíng	綠 lyù	心 xīn	就 jìu
前 qián	後 hòu	藍 lán	雲 yún	球 qíu	散 sàn	步 bù	草 cǎo	地 dì	玩 wán
遊 yóu	戲 xì	愛 ài	黑 hēi	春 chūn	種 zhǒng	花 huā	夏 xià	除 chú	秋 qīu
掃 sǎo	落 lùo	葉 yè	冬 dōng	剷 chǎn	雪 xuě	真 zhēn	辛 xīn	苦 kǔ	洗 xǐ
衣 yī	服 fú	寫 xiě	功 gōng	課 kè	幸 xìng	福 fú	昨 zuó	能 néng	幹 gàn
班 bān	賺 zhuàn	照 zhào	顧 gù	每 měi	從 cóng	忙 máng	接 jiē	送 sòng	又 yòu

漢語拼音 Hanyu Pinyin

an initial + a final + a tone
聲母 (shēngmǔ) + 韻母 (yùnmǔ) + 聲調 (shēngdiào)

★聲母 (Initials)

b	p	m	f	d	t
n	l	g	k	h	j
q	x	zh	ch	sh	r
z	c	s	y	w	

★韻母 (Finals)

a	o	e	i	u	ü
ai	ei	ui	ao	ou	iu
ie	üe	er	an	en	in
un	ün	ang	eng	ing	ong

★聲調 (Tones)

1	2	3	4	5
ˉ	ˊ	ˇ	ˋ	

Lesson 1

17 戴 戈部	dài to put on (hat, jewelry); to honor; a surname
12 帽 巾部	mào hat, cap; cap-like cover for sth.
3 子 子部	zǐ child; son
9 穿 穴部	chuān to penetrate; to cross; to wear, to put on

Lesson 1

15 鞋 革部
xié shoes, footwear
一 十 廿 廿 廿 廿 古 吉 革 革 革 鞋 鞋 鞋 鞋

10 拿 手部
ná to take, to hold
ノ 人 亼 亼 合 合 合 合 拿 拿

10 書 日部
shū book; to write
ㄱ ㄱ ㅋ ㅋ 聿 聿 書 書 書 書

5 包 勹部
bāo to wrap; package; a surname
ノ 勹 勺 句 包

Lesson 1

Strokes	Character	Radical	Pinyin	Meaning
5	去	厶部	qù	to go
9	看	目部	kàn	to see
14	說	言部	shuō	to talk
17	聲	耳部	shēng	voice, sound

Snakes and Ladders

21 二	22 ná 拿	23 chuān 穿	24 一	End - 25 七
20 qù 去	19 四	18 五	17 xué 學	16 xié 鞋
11 shū 書	12 我	13 bāo 包	14 wà 襪	15 bēi 背
10 八	9 mào 帽	8 dài 戴	7 三	6 shuō 說
Start - 1 shēng 聲	2 九	3 kàn 看	4 十	5 六

Lesson 1

名字 Name:______________

1. 寫中文 Writing Chinese words
xiě zhōng wén

Example: I, me → 我

- shoes ______________
- gloves ______________
- clothes ______________
- hat ______________
- pants ______________
- wear ______________
- watch ______________
- backpack ______________

2. 寫拼音 Writing Pinyin
xiě pīn yīn

Example: 好 → hǎo

- 眼鏡 ______________
- 衣服 ______________
- 帽子 ______________
- 穿襪子 ______________
- 鞋子 ______________
- 手錶 ______________
- 拿書包 ______________
- 戴 ______________

Lesson 1

名字 Name:________________

3. 寫出對的聲調 Mark the correct tone of each word

xiě chū duì de shēng diào

Example: 她 → ta → mark "一" on top of letter 'a' → tā

biao	xie	wa	sheng	shu	dai	mao
錶	鞋	襪	聲	書	戴	帽
bao	ku	tao	jing	na	yan	chuan
包	褲	套	鏡	拿	眼	穿

4. 讀讀看 Read aloud

dú dú kàn

今天星期一，我要上學去。

jīn tiān xīng qí yī wǒ yào shàng xué qù

戴上小帽子，拿著小書包，

dài shàng xiǎo mào zi ná zhe xiǎo shū bāo

快樂去學校。

kuài lè qù xué xiào

Lesson 1 名字 Name:________________

5. 連連看 Matching
lián lián kàn

手套 *	* yī fú	拿 *	* ná
書包 *	* shǒu tào	穿 *	* dài
衣服 *	* shū bāo	戴 *	* chuān
褲子 *	* màozi	眼鏡 *	* xiézi
帽子 *	* kù zi	鞋子 *	* yán jìng

6. 組詞 Finding the right phrases
zǔ cí

- 眼* * 服 : ________________
- 看* * 見 : ________________
- 同* * 鏡 : ________________
- 衣* * 錶 : 手錶
- 手* * 學 : ________________

Lesson 1 名字 Name:____________

7. Fill in the correct words

衣服	褲子	襪子	眼鏡	手套	鞋子	帽子	手錶

帽子

Lesson 1

名字 Name:_______________

8. 配合題 Matching
pèi hé tí

(　　　) 看見	A. telephone
(　　　) 同學	B. backpack
(　　　) 電話	C. clothes
(　　　) 哪裡	D. see
(　　　) 老師	E. eye glasses
(　　　) 背包	F. pants
(　　　) 眼鏡	G. classmate
(　　　) 衣服	H. hat
(　　　) 褲子	I. where
(　　　) 帽子	J. teacher

9. 讀讀看 Read aloud
dú dú kàn

哥哥穿襪子。姐姐穿鞋子。
gē gē chuān wà zi jiě jiě chuān xié zi

媽媽戴眼鏡。弟弟背書包。
mā mā dài yǎn jìng dì dì bèi shū bāo

爸爸打電話。
bà bà dǎ diàn huà

Lesson 1

名字 Name:________________

10. 選擇題 Multiple choice

xuǎn zé tí

( ) 這是他的（A.依服 B. 衣月 C. 衣服）。

( ) 看見 (A. 老師 B. 姥獅 C. 老使) 說聲早。

( ) 妹妹愛 (A. 帶 B. 戴 C. 截) 帽子。

( ) Kevin是我的 (A.同學 B.同覺 C.回榮)。

( ) 我 (A.盒 B.含 C.拿)書包去上學。

( ) 媽媽買 （A.硅子 B.鞋子 C.桂子）。

( ) 爸爸 （A.空 B.究 C.穿 ）襪子。

( ) 我有大 (A.背包 B.北抱 C.脊包)。

11. 連連看 Matching

lián lián kàn

戴手套 *	* ná shū bāo	衣服 *	* shǒu biǎo
拿書包 *	* dài shǒu tào	手錶 *	* wà zi
穿褲子 *	* shuō shēng hǎo	襪子 *	* yī fú
打電話 *	* dǎ diàn huà	鞋子 *	* bēi bāo
說聲好 *	* chuān kù zi	背包 *	* xié zi

Lesson 1

名字 Name:________________

12. 選擇題 Multiple choice

xuǎn zé tí

(   ) clothes (A. 襪子 B. 衣服 C. 眼鏡)

(   ) hat (A. 鞋子 B. 手套 C. 帽子)

(   ) see (A. 看見 B. 我的 C. 妹妹)

(   ) go to school (A. 穿上 B. 上學 C. 你的)

(   ) eye glasses (A. 褲子 B. 背包 C. 眼鏡)

13. 填字 Fill in the correct words

tián zì

Example: Little sister is talking on the phone.

妹妹在___打電話___（拿背包， 戴手錶， 打電話）。

- She put on the hat.

  她 ________________（戴上，穿上， 拿了）帽子。

- Have you seen my shoes?

  你看見我的 ________________（襪子，鞋子，手錶）了嗎？

- Whose eye-glasses is this?

  這是誰的 ________________（書包， 帽子， 眼鏡）？

- No, I did not see it.

  沒有，我沒 ________________（說，戴上，看見）。

Lesson 1

名字 Name:______________

14. 找一找 Find the words

zhǎo yī zhǎo

上	學	有	子
衣	沒	包	褲
服	背	同	學
看	老	妹	手
見	妹	師	錶

A. 褲子
B. 上學
C. 背包
D. 手錶
E. 衣服
F. 妹妹

話	電	打	眼	戴
眼	鏡	手	套	帽
背	子	鞋	穿	子
書	看	襪	衣	服
包	好	說	聲	早

A. 打電話
B. 戴帽子
C. 穿鞋子
D. 背書包
E. 說聲早

穿 W2_L1	戴 W2_L1	背 W2_L1
去 W2_L1	拿 W2_L1	看 W2_L1
説 W2_L1	帽 W2_L1	鞋 W2_L1
書 W2_L1	包 W2_L1	聲 W2_L1
學 W2_L1	襪 W2_L1	衣服 W2_L1

Lesson 2

本 (5)

木部

běn origin; source; measure word for books

一 十 才 木 本

本	本	本	本				

杯 (8)

木部

bēi cup, glass; measure word for cups, glasses, etc.

一 十 才 木 木一 木丆 杯 杯

杯	杯	杯	杯				

枝 (8)

木部

zhī branch of a plant

一 十 才 木 木一 木十 枝 枝

枝	枝	枝	枝				

筆 (12)

竹部

bǐ pen, pencil; stroke (of character)

ノ 𠂉 ⺮ 竹 竹一 竺 竽 笔 筆 筆 筆 筆

筆	筆	筆	筆				

Lesson 2

11 張 弓部	zhāng　to spread; measure word for tickets, etc.; a surname ⁊ ⁊ 㢴 引 引 弡 弡 弡 張 張 張
5 白 白部	bái　white; in vain; a surname ノ 亻 白 白 白
10 紙 糸部	zhǐ　paper 纟 纟 纟 糸 糸 糸 紅 紅 紙 紙
13 腦 肉部	nǎo　brain 丿 月 月 月 肝 肸 朏 朏 腦 腦 腦 腦 腦

Lesson 2

18 題 頁部	tí subject, topic; title; problem 丨 冂 日 日 旦 早 早 昇 是 是 是 是 題 題 題 題 題 題
6 回 口部	huí to return; number of times 丨 冂 冂 冋 回 回
12 答 竹部	dá to answer, to respond 丿 𠂉 𥫗 𥫗 𥫗 ⺮ 竺 竺 笒 笒 答 答
12 裡 衣部	lǐ inside 丶 ㇇ 礻 衤 衤 衤 衵 衵 袒 袒 裡 裡

Snakes and Ladders

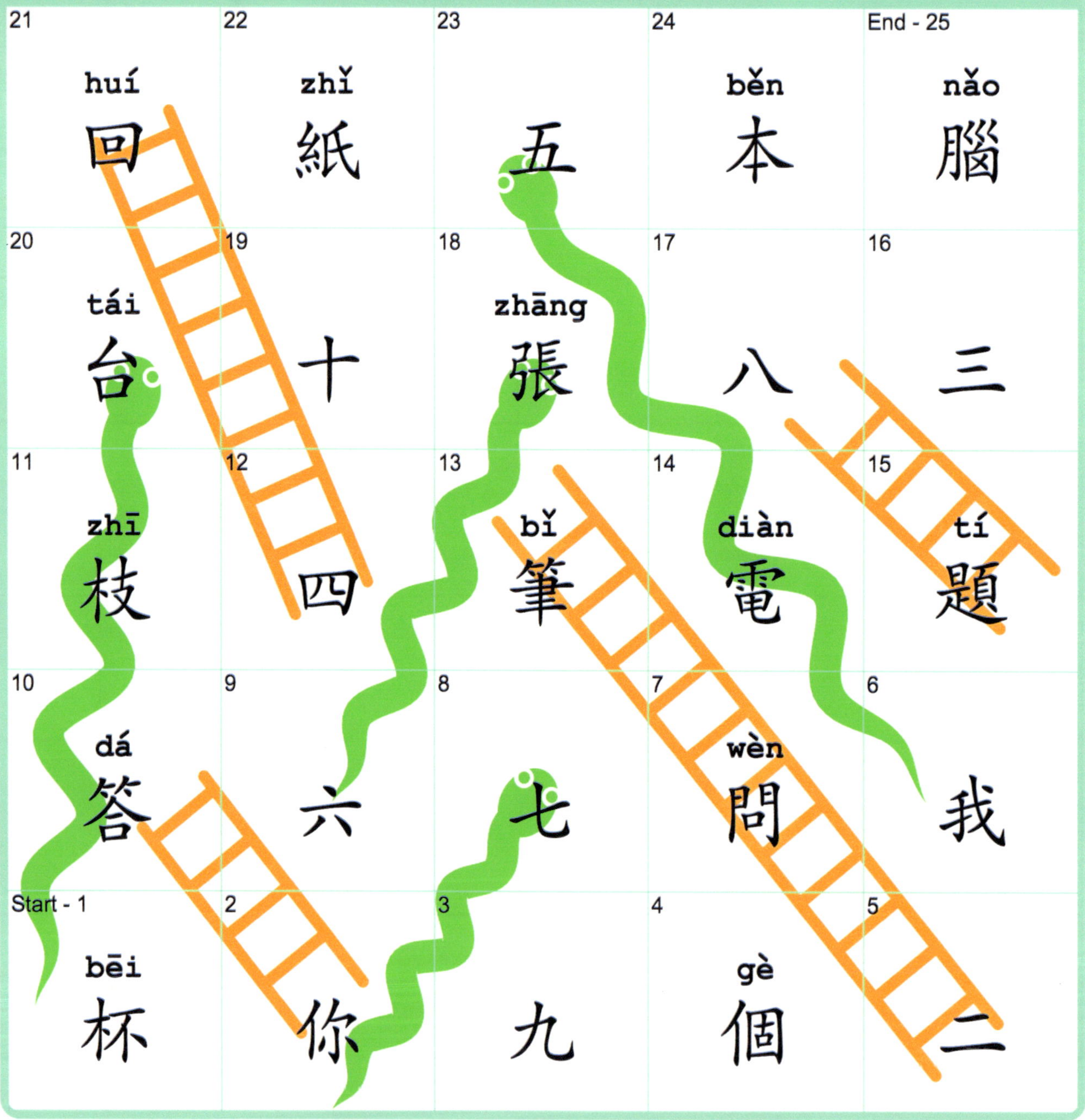

Lesson 2

名字 Name:________________

1. 寫中文 Writing Chinese words

xiě zhōng wén

Example: I, me → 我

- pen ____________
- paper ____________
- answer ____________
- table ____________
- come ____________
- bed ____________
- question ____________
- computer ____________
- cup ____________
- book ____________

2. 寫拼音 Writing Pinyin

xiě pīn yīn

Example: 好 → hǎo

- 本 ____________
- 張 ____________
- 台 ____________
- 枝 ____________
- 個 ____________
- 筆 ____________
- 問題 ____________
- 桌子 ____________
- 回答 ____________
- 紙 ____________
- 床 ____________
- 電腦 ____________

Lesson 2

名字 Name:______________

3. 配合題 Matching
pèi hé tí

(F) 紙 — A. measure word for paper

(   ) 桌子 — B. cup

(   ) 床 — C. computer

(   ) 杯子 — D. table

(   ) 筆 — E. measure word for computer

(   ) 問題 — F. paper

(   ) 電腦 — G. question

(   ) 張 — H. measure word for book

(   ) 本 — I. bed

(   ) 台 — J. pen

4. 讀讀看 Read aloud
dú dú kàn

一個學生，兩個書包，
yī ge xué shēng liǎng ge shū bāo

三張白紙，四枝筆，
sān zhāng bái zhǐ sì zhī bǐ

五本書，六台電腦，
wǔ běn shū liù tái diàn nǎo

七張桌子，八個問題。
qī zhāng zhuō zi bā ge wèn tí

Lesson 2

名字 Name:________________

5. 找字 Find the correct words
zhǎo zì

ge	zhǐ	dá	bǐ
(F)	( )	( )	( )
zhāng	zhuō	wèn	bēi
( )	(K)	( )	( )
tái	huí	chuáng	xué
( )	( )	( )	( )
běn	Tí	lái	diàn
( )	( )	( )	( )

Ⓐ	Ⓑ	Ⓒ	Ⓓ	Ⓔ	Ⓕ	Ⓖ	Ⓗ
張	床	電	筆	學	個	題	本
Ⓘ	Ⓙ	Ⓚ	Ⓛ	Ⓜ	Ⓝ	Ⓞ	ⓟ
杯	來	桌	台	問	答	紙	回

名字 Name:________________

6. 選擇題 Multiple choice
xuǎn zé tí

(　　) 老師問我，我要（A.回答　B.回合　C.回嗒　D.回搭）。

(　　) 你的書包裡，有（A.白抵　B.白氏　C.白紙）嗎？

(　　) 明天有同學要（A.木　B.來　C.米　D.萊）我家。

(　　) 這兒有三個（A.杉子　B.林子　C.伓子　D.杯子）。

(　　) 我很喜歡爸爸的（A.電腦　B.電惱　C.電瑙）。

(　　) 媽媽（A.貴　B.賣　C.買）衣服給我。

(　　) 學校裡有很多（A.桌子　B.掉子　C.卓子）。

(　　) 請問2B班（A.一拱　B.一共　C.一供）有幾個人？

(　　) 書要一本一本（A.笪　B.笕　C.算）。

(　　) 我問老師一個（A.問提　B.門醍　C.問題）。

Lesson 2

名字 Name:______________

7. 連連看 Matching
liān lián kàn

問題 *	* qǐng wèn	一本書 *	* liáng zhī bǐ
還有 *	* hái yǒu	兩枝筆 *	* yì běn shū
請問 *	* wèn tí	三台電腦 *	* sān tái diàn nǎo
回答 *	* shé me	四個杯子 *	* wǔ zhāng zhuō zi
什麼 *	* huí dá	五張桌子 *	* sì ge bēi zi

8. 讀讀看 Read aloud
dú dú kàn

A: 明天下午，你可以來我家嗎?
míng tiān xià wǔ nǐ kě yi lái wǒ jiā ma

B: 可以，明天下午，我去你家。
kě yi míng tiān xià wǔ wǒ qù nǐ jiā

A: 你家有幾台電腦?
nǐ jiā yǒu jǐ tái diàn nǎo

B: 我家有兩台電腦。
wǒ jiā yǒu liǎng tái diàn nǎo

Lesson 2

名字 Name:________________

9. 寫對的詞 Write down the correct words

xiě dùi de cí

電腦	床	筆	桌子	紙	問題	背包	書	杯子	回答

 書

 ____________

 ____________

 ____________

 ____________

 ____________

 ____________

 ____________

 ____________

 ____________

Lesson 2

名字 Name:________________

10. 寫中文和拼音 Write down the correct Chinese words and Pinyin
xiě zhōng wén hé pīn yīn

老師 lǎo shī	紙 zhǐ	床 chuáng	杯子 bēi zi	一塊錢 yí kuài qián
電腦 diàn nǎo	筆 bǐ	書 shū	桌子 zhuō zi	學生 xué shēng

- book 書 shū
- computer ________________
- bed ________________
- student ________________
- cup ________________
- table ________________
- teacher ________________
- pen ________________
- paper ________________
- one dollar ________________

11. 讀讀看 Read aloud
dú dú kàn

杯子要一個一個算，紙要一張一張算，
bēi zi yào yí ge yí ge suàn zhǐ yào yì zhāng yì zhāng suàn

書要一本一本算，筆要一枝一枝算，
shū yào yì běn yì běn suàn bǐ yào yì zhī yì zhī suàn

電腦要一台一台算。
diàn nǎo yào yì tái yì tái suàn

Lesson 2 名字 Name:______________

12. 選擇題 Multiple choice
xuǎn zé tí

(　　) 他有三（A.枝　B.張　C.台）白紙。

(　　) 我有五（A.個　B.台　C.本）杯子。

(　　) 爸爸有兩（A.張　B.本　C.台）電腦。

(　　) 妹妹有十（A.張　B.本　C.台）書。

(　　) 家裡有三（A.枝　B.張　C.本）床。

(　　) 我要問老師（A.一個　B.一本　C.一張）問題。

(　　) 哥哥有（A.十塊錢　B.十張錢　C.十個錢）。

(　　) 你（A. 幾點鐘　B.幾時鐘　C. 幾分鐘）來我家。

(　　) 我有一本書，（A.不有　B.環有　C.還有）五枝筆。

(　　)（A.請問　B.晴門　C.清間）一共多少錢？

個 W2_L2	張 W2_L2	本 W2_L2
枝 W2_L2	台 W2_L2	筆 W2_L2
紙 W2_L2	問 W2_L2	題 W2_L2
回 W2_L2	答 W2_L2	杯 W2_L2
白紙 W2_L2	杯子 W2_L2	電腦 W2_L2

Lesson 3

10
桌
木部

zhuō table, desk

4
方
方部

fāng square; place; a surname

12
椅
木部

yǐ chair

13
圓
口部

yuán circle, round; to make plausible

Lesson 3

9 胖 肉部	pàng fat 丿 刀 月 月 月' 月'' 月⺷ 月⺷ 胖
胖	胖 胖 胖
15 瘦 疒部	shòu thin; (of meat) lean 丶 亠 广 疒 疒 疒 疒 疒 疒 疒 疒 疒 疒 瘦 瘦
瘦	瘦 瘦 瘦
10 高 高部	gāo tall, high; height; a surname 高 高 高 高 高 高 高 高 高 高
高	高 高 高
13 矮 矢部	ǎi short (in height) 丿 𠂉 𠂉 𠂉 矢 矢 矢 矢 矢 矢 矮 矮 矮
矮	矮 矮 矮

Lesson 3

5 句 口部	jù sentence, line of verse 丿 勹 勺 句 句
8 長 長部	cháng long 丨 𠂆 𠃊 ㇐ 镸 長 長 長
12 短 矢部	duǎn short; to lack 丿 𠂉 𠂉 午 矢 矢 矢 矩 矩 短 短 短
15 樣 木部	yàng shape, appearance; kind, type 一 十 才 木 木 栏 栏 栏 栏 样 样 样 樣 樣 樣

Snakes and Ladders

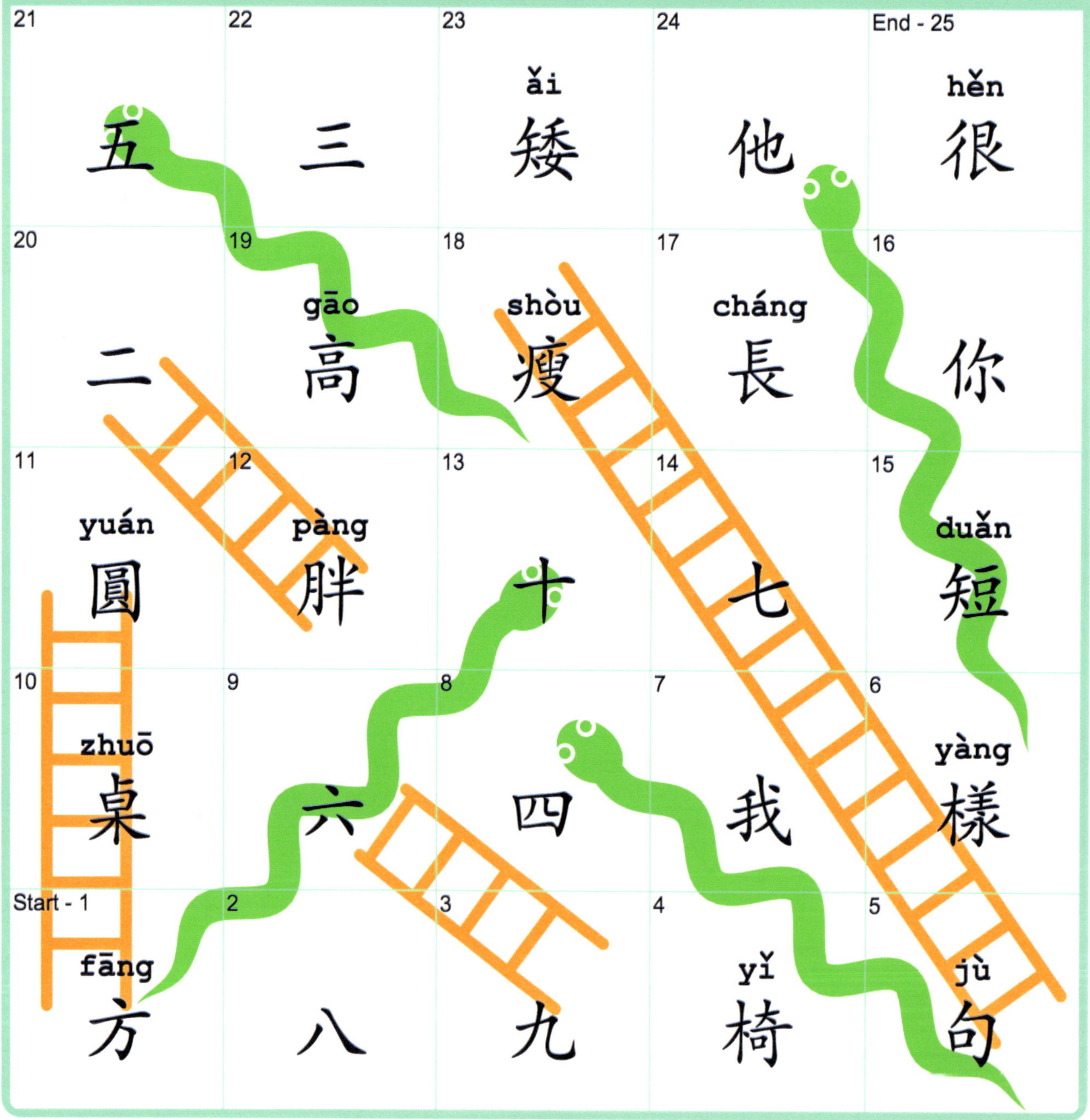

Lesson 3

名字 Name:________________

1. 寫中文 Writing Chinese words
xiě zhōng wén

Example: I, me → 我

- long ____________
- face ____________
- chair ____________
- square ____________
- short ____________
- thin ____________
- round ____________
- tall ____________
- fat ____________
- table ____________

2. 寫拼音 Writing Pinyin
xiě pīn yīn

Example: 好 → hǎo

- 圓 ____________
- 短 ____________
- 矮 ____________
- 胖 ____________
- 樣兒 ____________
- 臉 ____________
- 椅子 ____________
- 桌子 ____________
- 句子 ____________
- 瘦 ____________
- 高 ____________
- 長 ____________

Lesson 3

名字 Name:________________

3. 配合題 Matching
pèi hé tí

( ) 短	A. square
( ) 胖	B. the same
( ) 圓	C. chair
( ) 高	D. face
( ) 方	E. sentence
( ) 椅子	F. fat
( ) 句子	G. round
( ) 一樣	H. tall
( ) 臉	I. a little bit
( ) 一點兒	J. short

4. 讀讀看 Read aloud
dú dú kàn

人有胖瘦和高矮，字有大字和小字，
rén yǒu pàng shòu hé gāo ǎi zì yǒu dà zì hé xiǎo zì

句子有長也有短，桌子有方也有圓。
jù zi yǒu cháng yě yǒu duǎn zhuō zi yǒu fāng yě yǒu yuán

Lesson 3

名字 Name:________________

5. 找拼音 Find the correct Pinyin
zhǎo pīn yīn

高 (B)	椅子 ( )	買 ( )	長 ( )
臉 ( )	圓 ( )	矮 ( )	筆 ( )
句子 ( )	胖 ( )	短 ( )	瘦 ( )
方 ( )	一樣 ( )	桌子 ( )	杯子 ( )

A shòu	B gāo	C pàng	D yí yàng
E duǎn	F fāng	G Jù zi	H mǎi
I zhuō zi	J cháng	K liǎn	L bǐ
M yuán	N ǎi	O bēi zi	P yǐ zi

Lesson 3　　　　名字 Name:______________

6. 選擇題 Multiple choice
xuǎn zé tí

1. (　　) 我家的桌子是 (A.芳的　B. 方的　C.仿的) 。

2. (　　) 他的哥哥高高的 (A.拌拌的　B.半半的　C.胖胖的) 。

3. (　　) 小baby的臉 (A.員員的　B.圓圓的　C.園園的) 。

4. (　　) 弟弟的書包在 (A. 椅子上　B.奇子上　C.倚子上) 。

5. (　　) 書裡句子有 (A.長短　B.暢豆　C.長逗) 。

6. (　　) 爸爸很高，我很 (A.挨　B.倭　C.矮) 。

7. (　　) 我和同學穿 (A.一洋　B.一樣　C.一漾) 的衣服。

8. (　　) 小妹妹的臉 (A.瘦瘦的　B.痒痒的　C.疾疾的) 。

9. (　　) 媽媽説我可以吃 (A.一占兒　B.一黑兒　C.一點兒) 糖。

10. (　　) 你要買大桌子，(A.環是　B.還是　C.送是) 小桌子?

7. 讀讀看 Read aloud
dú dú kàn

姐姐高高的，妹妹矮矮的。
jiě jie gāo gāo de　měi mei ǎi ǎi de

哥哥瘦瘦的，弟弟胖胖的。
gē ge shòu shòu de　dì di pàng pàng de

爸爸的臉方方的，媽媽的臉圓圓的。
bà ba de liǎn fāng fāng de　mā ma de liǎn yuán yuán de

爸爸的手大大的，我的手小小的。
bà ba de shǒu dà dà de　wǒ de shǒu xiǎo xiǎo de

Lesson 3

名字 Name:________________

8. 找一找 Find the words

zhǎo yī zhǎo

裡	都	不	一	樣	圓
看	書	方	矮	的	瘦
兒	裡	桌	椅	高	胖
樣	句	子	電	字	有
麼	子	大	長	短	人
什	小	臉	的	學	同

A. 書裡句子
B. 圓的椅子
C. 同學的臉
D. 都不一樣
E. 什麼樣兒
F. 人有胖瘦

人	圓	書	瘦	胖
方	高	矮	有	上
大	字	長	椅	多
小	短	句	少	麼
一	樣	下	子	什

A. 方圓
B. 高矮
C. 大小
D. 胖瘦
E. 多少
F. 長短
G. 句子

Lesson 3 名字 Name:________________

9. 寫中文 Write down the correct words
xiě zhōng wén

圓	椅子	胖	桌子	臉	高	一樣	方	句子	短

 方 ______________

 ______________

 ______________

 ______________

 ______________

 ______________

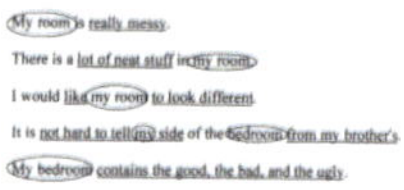

____

 ______________

 ______________

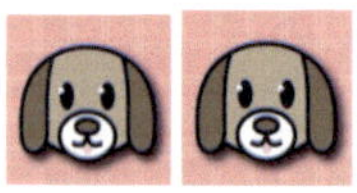 ______________

Lesson 3 名字 Name:_______________

10. 造句練習 Making Sentences

zào jù liàn xí

- 有的...有的... (Some are..... and some others are....)

____

- 太.....不可以..... (too......, would not be able to .....)

____

- 看到.....在.....

____

- 看到.....有.....

____

- 上/下/裡

____

____

____

Lesson 3

名字 Name:________________

11. 讀讀看 Read aloud
dú dú kàn

椅子，
yǐ zi

圓椅子，
yuán yǐ zi

圓的椅子，
yuán de yǐ zi

圓圓的椅子，
yuán yuán de yǐ zi

一張圓圓的椅子，
yì zhāng yuán yuán de yǐ zi

我家有一張圓圓的椅子。
wǒ jiā yǒu yì zhāng yuán yuán de yǐ zi

方 W2_L3	圓 W2_L3	高 W2_L3
矮 W2_L3	長 W2_L3	短 W2_L3
胖 W2_L3	瘦 W2_L3	桌 W2_L3
椅 W2_L3	句 W2_L3	樣 W2_L3
桌子 W2_L3	句子 W2_L3	一樣 W2_L3

Lesson 4

11 眼 目部	yǎn eye; small hole; key point
13 睛 目部	jīng eyeball
16 嘴 口部	zuǐ mouth
6 耳 耳部	ěr ear

Lesson 4

6
朵
木部
duǒ　measure word for flowers, clouds etc.

18
雙
隹部
shuāng　pair; double; two, twin; even(as distinct from odd)

4
手
手部
shǒu　hand

22
聽
耳部
tīng　to hear, to listen to; to obey

Lesson 4

11 做 人部	zuò　to make; to do; to be used as 丿 亻 亻 什 什 估 估 估 做 做 做
8 事 亅部	shì　business, event 一 一 ㄇ 戸 亘 写 写 事
7 忘 心部	wàng　to forget 丶 亠 亡 亡 忘 忘 忘
12 開 門部	kāi　to open; to operate (machinery) 丨 ｱ ｱ 戸 戸 門 門 門 門 閂 開 開

Snakes and Ladders

21 jù 句	22 duǒ 朵	23 你	24 wàng 忘	End - 25 kāi 開
20 bāo 包	19 jīng 睛	18 fāng 方	17 tīng 聽	16 jiǎo 腳
11 zuò 做	12 ěr 耳	13 ná 拿	14 子	15 shuāng 雙
10 běn 本	9 shì 事	8 zuǐ 嘴	7 回	6 bēi 杯
Start - 1 shǒu 手	2 zhi3,zhī 隻	3 yǎn 眼	4 gāo 高	5 我

Lesson 4

名字 Name:_______________

1. 寫中文 Writing Chinese words
xiě zhōng wén

- eye ____________
- hair ____________
- body ____________
- leg ____________
- foot ____________
- nose ____________
- ear ____________
- forget ____________
- mouth ____________
- listen ____________

2. 寫拼音 Writing Pinyin
xiě pīn yīn

- 做事 ____________
- 身體 ____________
- 身體 ____________
- 多看 ____________
- 頭髮 ____________
- 多聽 ____________
- 眼睛 ____________
- 忘 ____________
- 我有 ____________
- 嘴 ____________
- 耳朵 ____________
- 鼻子 ____________

Lesson 4 名字 Name:_______________

3. 連連看 Matching
liǎn liǎn kàn

 * * 眼睛

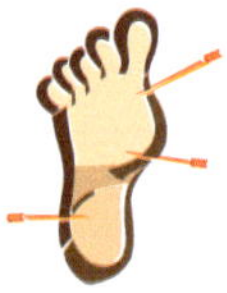 * * 鼻子

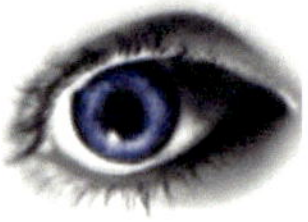 * * 嘴

 * * 腳

 * * 耳朵

 * * 頭髮

4. 讀一讀 Read aloud
dú yī dú

我有一張臉，臉上有兩隻耳朵，
wǒ yǒu yī zhāng liǎn liǎn shàng yǒu liǎng zhī ěr duǒ

一個鼻子，兩隻眼睛，一張嘴。
yí gè bí zi liǎng zhī yǎn jīng yī zhāng zuǐ

我用眼睛看，我用耳朵聽，我用嘴問問題。
wǒ yòng yǎn jīng kàn wǒ yòng ěr duǒ tīng wǒ yòng zuǐ wèn wèn tí

Lesson 4

名字 Name:________________

5. 選選看 Choose the correct answer
xuǎn xuǎn kàn

(E) 嘴		A. hair
( ) 耳朵		B. eye
( ) 頭髮		C. nose
( ) 腳		D. listen
( ) 鼻子		E. mouth
( ) 眼睛		F. forget
( ) 身體		G. ear
( ) 忘		H. hand
( ) 聽		I. foot
( ) 手		J. body

6. 選擇題 Multiple Choice
xuǎn zé tí

( ) 我有兩隻 (A. 哏睛 B. 眼睛 C. 很清)。

( ) 老師 (A. 妄 B. 亡 C. 忘) 了給我們homework。

( ) 我們要 (A. 多看多芹 B. 多看多廳 C. 多看多聽)。

( ) 媽媽每天都要 (A. 做事 B. 故事 C. 估事)。

( ) 我有好的 (A. 身禮 B. 身體 C. 射体) 。

( ) 哥哥， 你在 (A. 故什麼？ B. 做什麼？ C. 估十麼？)

( ) 我用 (A.洱朵 B. 耳木 C.耳朵 D. 珥朵) 聽。

( ) 我們可以用 (A. 兩隻腳 B. 兩隹卻 C. 兩隻月) 走路。

( ) 她的 (A. 逗髮 B. 頭大 C. 頭髮) 是黑色的。

( ) 弟弟的 (A. 一弓觜 B. 一張觜 C.一張嘴) 小小的。

 名字 Name:____________

7. 造句 Making Sentences
zào jù

- 我用：

____

- 多：

____

- 忘:

____

- 做：

____

- 可以：

____

8. 讀讀看 Read aloud
dú dú kàn

我們要多看，多聽，多做事。
wǒ men yào duō kàn duō tīng duō zuò shì

我們要多用眼睛，多用耳朵，多用手。
wǒ men yào duō yòng yǎn jing duō yòng ěr duǒ duō yòng shǒu

忘了，
wàng le

我忘了，
wǒ wàng le

我忘了今天是星期幾了。
wǒ wàng le jīn tiān shì xīng qí jǐ le

Lesson 4 名字 Name:________________

9. 找英文 Find the English words
zhǎo yīng wén

眼睛 (G)	手 ( )	腳 ( )	臉 ( )
鼻子 ( )	耳朵 ( )	身體 ( )	頭髮 ( )
忘 ( )	聽 ( )	嘴 ( )	雙 ( )
打字 ( )	張開 ( )	我有 ( )	今天 ( )

A hand	B I have	C type	D nose
E listen	F face	G eye	H open
I pair	J foot	K hair	L today
M forget	N mouth	O ear	P body

Lesson 4

名字 Name:________________

10. 寫中文 Write down the Chinese Words

xiě zhōng wén

聽	手	耳朵	頭髮	腳	眼睛	忘	嘴	鼻子	做事

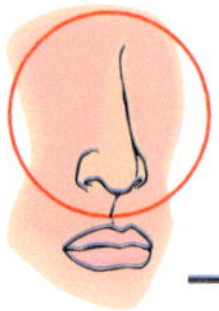

The Nose

鼻子

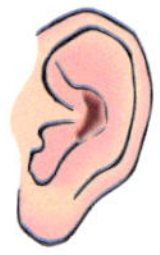

The Ear

____

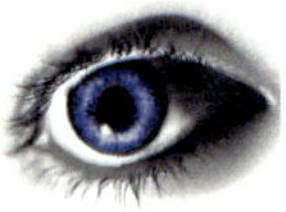

____

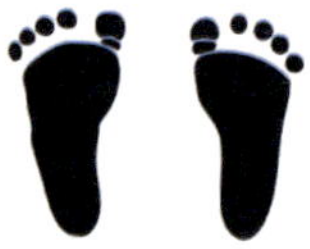

____

____

____

____

____

____

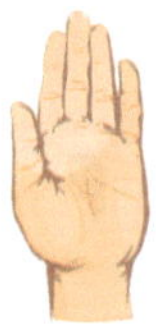

____

Lesson 4

名字 Name:______________

11. 選擇題 Multiple choice

xuǎn zé tí

(C) 妹妹的手

(A. younger sister's hands B. younger sister's face C. older sister's eyes)

(   ) 我的臉 (A. His hands B. Her face C. My face)

(   ) 我有一雙手

(A. I have a pair of eyes. B. I have a tall body. C. I have a pair of hands.)

(   ) 用嘴問問題

(A. using feet to walk B. using mouth to ask questions C. using hands to do work)

(   ) 一張嘴 (A. a foot B. a face C. a mouth)

(   ) 用手打字

(A. using hands to type B. using face to look C. using hands to cook)

(   ) 兩隻眼睛 (A. two hands B. two eyes C. two ears)

(   ) 用耳朵聽

(A. using eyes to look B. using ears to listen C. using mouth to talk)

(   ) 多看多聽

(A. eat more & listen more B. talk more & listen more C. look more & listen more)

(   ) 我忘了 (A. I forgot. B. I want to go C. I want to buy.)

Lesson 4

名字 Name:________________

12. 寫拼音 Write down the Pinyin
xiě pīn yīn

腳 jiǎo	手	臉	身體
嘴	眼睛	耳朵	頭髮
忘	鼻子	打字	星
聽	打開	媽媽	做事

13. 讀讀看 Read aloud
dú dú kàn

你有兩隻手，我有一雙手，
nǐ yǒu liǎng zhī shǒu wǒ yǒu yì shuāng shǒu

兩隻手和一雙手是一樣的。
liǎng zhī shǒu hé yì shuāng shǒu shì yí yàng de

我們用手做事，用手打字，用手拿書包。
wǒ men yòng shǒu zuò shì yòng shǒu dǎ zì yòng shǒu ná shū bāo

眼 W2_L4	睛 W2_L4	耳 W2_L4
朵 W2_L4	雙 W2_L4	手 W2_L4
腳 W2_L4	嘴 W2_L4	做 W2_L4
聽 W2_L4	開 W2_L4	隻 W2_L4
忘 W2_L4	事 W2_L4	身體 W2_L4

Lesson 5

4 牛 牛部	niú cattle, bull, cow; a surname 丿 𠂉 𠂉 牛
5 奶 女部	nǎi milk; breast 𡿨 女 女 奶 奶
9 面 面部	miàn face; side 一 丆 丆 丙 丙 而 而 而 面
8 果 木部	guǒ fruit; outcome 丨 冂 日 旦 旦 甲 果 果

Lesson 5

5 汁 水部	zhī juice 丶 丶 氵 汁 汁
8 治 水部	zhì to manage; to cure; to regulate; to punish; peace, order 丶 丶 氵 氵 氵 治 治 治
12 飯 食部	fàn cooked cereals; cooked rice; meal 丿 𠆢 𠂉 今 今 侌 食 食 飣 飣 飯 飯
12 菜 艸部	cài vegetable; dish (of food) 丶 丶 艹 艹 艹 艹 艹 艹 苎 苹 菜 菜

Lesson 5

Strokes	Character	Radical	Pinyin	Meaning
6	吃	口部	chī	to eat; to sustain
13	飽	食部	bǎo	to have eaten one' fill; full; to satisfy; fully
12	喝	口部	hē	to drink
11	夠	夕部	gòu	enough

Snakes and Ladders

21 bǎo 飽	22 回	23 子	24 gòu 夠	End - 25 他
20 jù 句	19 chī 吃	18 nǎi 奶	17 fàn 飯	16 guǒ 果
11 gāo 高	12 miàn 麵	13 shì 事	14 ná 拿	15 tang1,shān g 湯
10 bāo 包	9 zhī 汁	8 你	7 chá 茶	6 手
Start - 1 he1,hè 喝	2 耳	3 我	4 běn 本	5 cài 菜

Lesson 5

名字 Name: ______________

1. 寫拼音 Writing Pinyin
xiě pīn yīn

- 早上 ______________
- 晚上 ______________
- 麵包 ______________
- 三明治 ______________
- 米飯 ______________
- 咖啡 ______________
- 果汁 ______________
- 牛奶 ______________
- 中午 ______________
- 喝 ______________

2. 寫中文 Write Chinese words
xiě zhōng wén

茶	米飯	菜	麵	包子	果汁	咖啡	牛奶	麵包	三明治

milk  ______________

coffee  ______________

dish/meal course  ______

sandwich  ______________

juice  ______________

rice  ______________

steam bun  ______________

noodles  ______________

bread  ______________

tea  ______________

Lesson 5

名字 Name:________________

3. 找英文 Find the English words
zhǎo yīng wén

吃	米飯	菜	麵
(B)	( )	( )	( )
包子	茶	咖啡	晚上
( )	( )	( )	( )
三明治	喝	麵包	夠
( )	( )	( )	( )
果汁	牛奶	中午	早上
( )	( )	( )	( )

coffee A	to eat B	juice C	sandwich D
meal / course E	enough F	morning G	milk H
bread I	noodles J	noon K	rice L
tea M	evening N	to drink O	steam bun P

Lesson 5

名字 Name:________________

4. 選擇題 Multiple choice
xuǎn zé tí

( ) 我早上有喝了一杯 (A. 牛艿 B. 牛奶 C. 牛仍)。

( ) 我會先 (A. 迄飽 B. 汔飽 C. 吃飽) 飯， 才去上學。

( ) 媽媽做 (A. 三明治 B. 三朋胎 C. 三明台) 給大家吃。

( ) 今天 (A. 免上 B. 挽上 C. 晚上) 要去買鞋。

( ) 這杯 (A. 果汁 B. 果汗 C. 果江) 真好喝。

5. 找一找 Find the words
zhǎo yī zhǎo

上	早	果	吃	奶
買	要	還	麵	多
飽	治	喝	包	少
很	明	飯	咖	錢
中	三	茶	子	啡

A. 早上

B. 喝咖啡

C. 吃麵包

D. 三明治

E. 還要買

F. 多少錢

6. 讀一讀 Read aloud
dú yì dú

牛奶果汁咖啡茶，麵包飯菜三明治。
niú nǎi guǒ zhī kā fēi chá miàn bāo fàn cài sān míng zhì

謝謝爸爸和媽媽，吃飽喝夠真高興。
xiè xiè bà ba hé mā ma chī bǎo hē gòu zhēn gāo xìng

Lesson 5 名字 Name:_______________

7. 配合題 Matching
pèi hé tí

(　　) 牛奶	A. sandwich
(　　) 咖啡	B. coffee
(　　) 麵包	C. evening
(　　) 三明治	D. to drink
(　　) 果汁	E. milk
(　　) 晚上	F. tea
(　　) 喝	G. bread
(　　) 米飯	H. morning
(　　) 茶	I. rice
(　　) 早上	J. juice

8. 畫畫看，寫寫看
huà huà kàn xiě xiě kàn

Draw what you eat for three meals and write down their Chinese.

Lesson 5

名字 Name:_______________

9. 選擇題 Multiple choice
xuǎn zé tí

(　　) 我喜歡吃 (A.麵包 B.麵包 C.而包)。

(　　) 晚上有 (A.返 B.飯 C.販) 也有菜。

(　　) 吃飽喝 (A.狗 B.夠 C.笱) 說謝謝。

(　　) 你（A.喝不喝 B.褐不褐 C.渴不渴）牛奶？

(　　) 早上我吃飯和 (A.采 B.彩 C.踩 D.菜)。

(　　) 請問一共（A.多少淺？ B.多小戈？ C.多少錢？）

(　　) 我（A. 還要 B. 還粟 C. 還腰）買包子。

(　　) 媽媽在喝（A. 枷榧 B. 咖啡 C. 迦徘）。

(　　) 我（A. 乞包 B. 吃飽 C. 吃胞）了。

(　　) 明天是（A. 星其六 B. 星淇六 C. 星期六）。

Lesson 5 名字 Name:________________

10. 連連看 Matching
liān liān kàn

juice •	• 今天
delicious (in food) •	• 很好喝
everyday •	• 媽媽
also eat... •	• 很好吃
today •	• 妹妹
younger sister •	• 也喝了...
tasty (in drink) •	• 也吃了...
to buy breakfast •	• 買早飯
Mom; Mother •	• 果汁
also drink... •	• 天天

11. 讀一讀 Read aloud
dú yī dú

我要吃麵包，還要喝牛奶。
wǒ yào chī miàn bāo hái yào hē niú nǎi

我要吃麵包，也要喝牛奶。
wǒ yào chī miàn bāo yě yào hē niú nǎi

我不要吃麵包，我不要喝牛奶。
wǒ bú yào chī miàn bāo wǒ bú yào hē niú nǎi

早上我吃了三明治，
zǎo shàng wǒ chī le sān míng zhì

中午我喝了果汁，
zhōng wǔ wǒ hē le guǒ zhī

晚上我吃了麵包，也喝了牛奶。
wǎn shàng wǒ chī le miàn bāo yě hē le niú nǎi

Lesson 5

名字 Name:________________

12. 選擇題 Multiple choices
xuǎn zé tí

( ) 我喜歡 (A. 渴 B. 喝 C. 偈 D. 遏) 牛奶。.

( ) 他買了 (A. 兩坏 B. 兩林 C. 兩怀 D. 兩杯) 果汁。

( ) 我們 (A. 一走 B. 一趄 C. 一起) 吃三明治。

( ) 媽媽做的 (A. 返采 B. 販彩 C. 飯菜) 很好吃。

( ) 我吃了麵包，(A. 還迄 B. 還吃 C. 還乞) 了飯。

( ) 請問一共 (A. 多少錢？ B. 多小錢？ C. 多吵錢？)

( ) 你 (A. 挽上 B. 娩上 C. 免上 D. 晚上) 吃什麼？

( ) 今天是 (A. 星其三 B. 星期三 C. 星棋三)。

( ) 這些 (A. 炮子 B. 泡子 C. 包子) 是爸爸買的。

( ) 哥哥和我都 (A. 吃夠 B. 吃句 C. 吃枸) 了。

13. 讀讀看 Read aloud
dú dú kàn

一杯咖啡，兩杯茶，
yī bēi kā fēi liǎng bēi chá

三杯牛奶，四個麵包，
sān bēi níu nǎi sì ge miàn bāo

請問一共多少錢?
qǐng wèn yī gòng duō shǎo qián

Lesson 5

名字 Name:________________

15. 組句子 Find the words to make sentences

zǔ jù zi

早上	我吃	面包	果汁	晚上
牛奶	有飯	咖啡	中午	很好喝
三明治	包子	茶	多少錢	也有
吃夠了	吃什麼	還要	今天	電腦
中文	妹妹	兩杯	我喝了	菜

- sān míng zhì duō shǎo qián?

  ____

- wǒ hē le liǎng bēi kā fēi.

  ____

- wǎn shàng yǒu fàn yě yǒu cài.

  ____

- zǎo shàng wǒ chī bāo zi.

  ____

- niú nǎi hěn hǎo hē.

  ____

吃 W2_L5	喝 W2_L5	飽 W2_L5
夠 W2_L5	麵 W2_L5	飯 W2_L5
菜 W2_L5	果 W2_L5	汁 W2_L5
奶 W2_L5	包 W2_L5	湯 W2_L5
茶 W2_L5	咖啡 W2_L5	三明治 W2_L5

Lesson 6

Strokes	Character	Radical	Pinyin	Meaning
13	路	足部	lù	road, path, route
7	車	車部	chē	vehicle; chariot; a surname
5	左	工部	zuǒ	left; contrary; a surname
5	右	口部	yòu	right; superior position

Lesson 6

Strokes	Character	Radical	Pinyin	Meaning
9	紅	糸部	hóng	red; popular; bonus
16	燈	火部	dēng	lamp, lantern, light
11	停	人部	tíng	to stop, to halt; to park
14	綠	糸部	lǜ	green

Lesson 6

Strokes	Character	Radical	Pinyin	Meaning
4	心	心部	xīn	heart
12	就	尢部	jiù	then; just
9	前	刀部	qián	in front
9	後	彳部	hòu	subsequent to; back

Snakes and Ladders

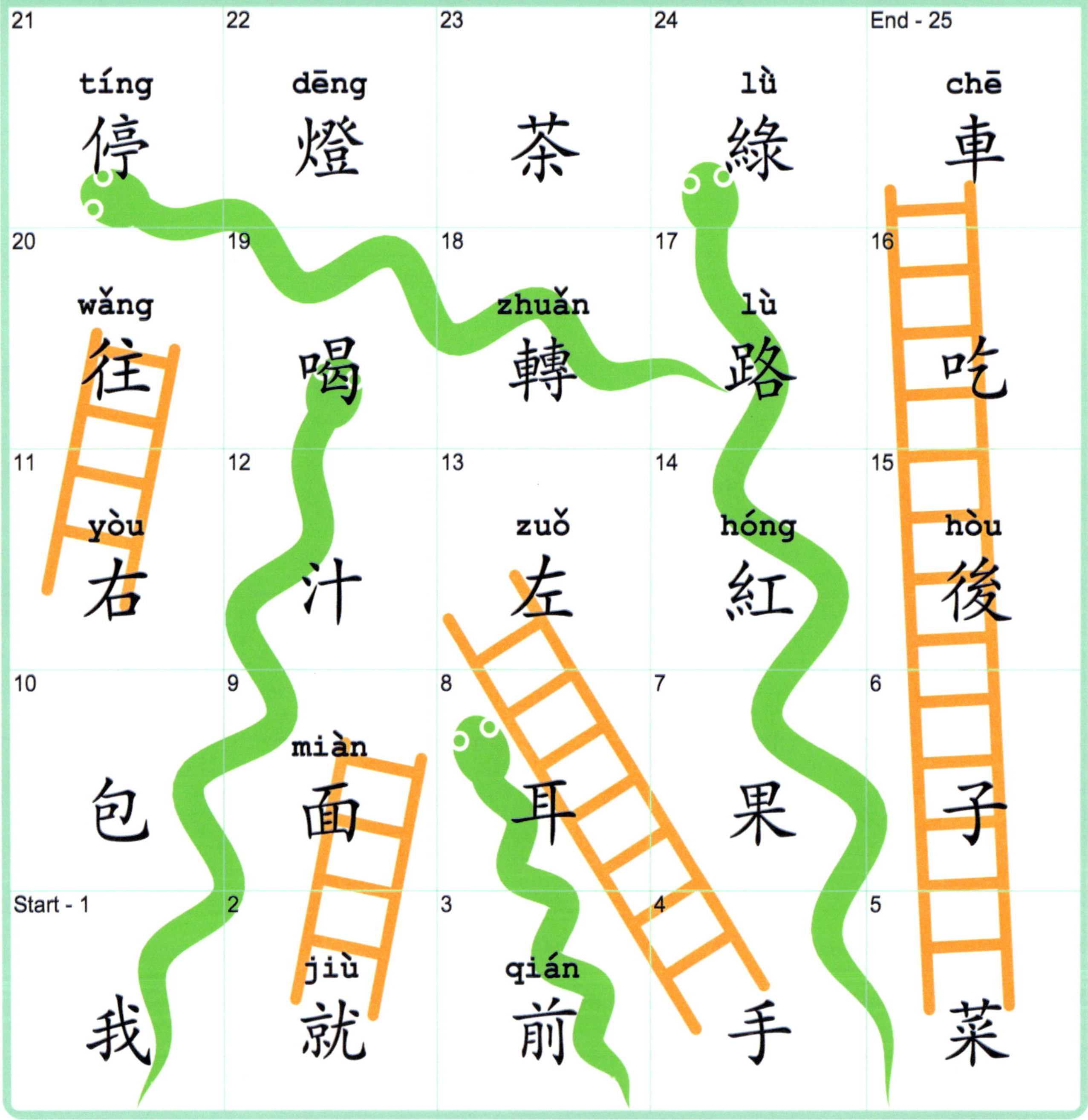

Lesson 6

名字 Name:______________

1. 寫中文 Writing Chinese words
xiě zhōng wén

walk	______________	left side	______________
be careful	______________	green light	______________
stop	______________	front	______________
red light	______________	behind	______________
drive	______________	just	______________

2. 寫拼音 Writing Pinyin
xiě pīn yīn

右邊	______________	開車	______________
下面	______________	走路	______________
綠燈	______________	小心	______________
前面	______________	紅燈	______________
上面	______________	停	______________

名字 Name:________________

3. 配合題 Matching
pèi hé tí

(E) 前面		A. stop
( ) 走路		B. drive
( ) 小心		C. behind; back
( ) 停		D. just
( ) 左邊		E. front
( ) 後面		F. under
( ) 紅燈		G. walk
( ) 開車		H. left side
( ) 下面		I. be careful
( ) 就		J. red light

4. 讀讀看 Read aloud
dú dú kàn

注意聽，小心看，紅燈停，綠燈走。
zhù yì tīng xiǎo xīn kàn hóng dēng tíng lyǜ dēng zǒu

爸爸開車去上班，
bà ba kāi chē qù shàng bān

妹妹走路去上學，
mèi mei zǒu lù qù shàng xué

紅燈亮了就要停，
hóng dēng liàng le jiù yào tíng

綠燈亮了可以走。
lyǜ dēng liàng le kě yǐ zǒu

Lesson 6

名字 Name:________________

5. 找字 Find the correct words

zhǎo zì

zǒu (C)	xīn ( )	lù ( )	hòu ( )
biān ( )	dēng ( )	qián ( )	xià ( )
miàn ( )	chē ( )	tíng ( )	hóng ( )
jiù ( )	zuǒ ( )	yòu ( )	kāi ( )

A 前	B 就	C 走	D 下
E 開	F 停	G 右	H 面
I 燈	J 心	K 左	L 路
M 車	N 紅	O 後	P 邊

Lesson 6

名字 Name:________________

6. 造句 Make sentences
zào jù

- 一...就...

____

- 就是

____

- 小心

____

- 走

____

7. 寫一寫 Make the patterns
xiě yī xiě

EX: 寫 → 寫寫 → 寫一寫

- 看 ________________ ________________
- 說 ________________ ________________
- 走 ________________ ________________
- 找 ________________ ________________

Lesson 6

名字 Name:________________

8. 找英文 Find the English words
zhǎo yīng wén

紅燈 (G)	上面 ( )	開車 ( )	停 ( )
右邊 ( )	小心 ( )	上班 ( )	下面 ( )
前面 ( )	路上 ( )	走路 ( )	左邊 ( )
看到 ( )	綠燈 ( )	後面 ( )	就 ( )

A green light	B under	C front	D to walk
E back ; behind	F to see	G red light	H be careful
I to drive	J just	K on top ; above	L to work
M stop	N left side	O right side	P on the road

Lesson 6　　名字 Name:______________

9. 選擇題 Multiple choice
xuǎn zé tí

(　　) 我和妹妹（A. 走路 B. 走洛 C. 走格 ）去上學。

(　　) 爸爸（A. 開居 B. 開陣 C. 開車 ）去買咖啡。

(　　)（A. 江燈 B. 虹燈 C. 紅燈）時，不可以走。

(　　) 我的帽子在桌子的（A. 左力 B. 左邊 C. 左優）。

(　　) 這兒有很多車，（A. 要小心 B. 要小芯 C. 要小沁）。

(　　) 星期日（A. 京是 B. 就是 C. 蹴是）我的生日。

(　　) 我們的車子（A. 停 B. 婷 C. 楟 D. 亭）在右邊。

(　　) 媽媽（A. 上斑 B. 上玉 C. 上班）不在家。

(　　)（A. 率燈 B. 緣登 C. 綠燈）時，可以走。

(　　) 你（A. 看至 B. 看到 C. 看倒）老師了嗎？

(　　) 走路要小心 (A. Be careful on driving. B. Be careful on eating. C. Be careful on walking.)

(　　) 爸爸開車去上班。(A Daddy drove to work. B. Mom drove to school. C.I walked home.)

(　　) 明天就是星期六。(A Today is Saturday. B. Tomorrow is Saturday. C. Tomorrow is Sunday.)

(　　) 左看看，右看看。(A. Look at your left side. B. Look at both sides. C. Look at the school.)

Lesson 6

名字 Name:________________

10. 讀一讀 Read aloud
dú yī dú

前前後後都是人，要握住媽媽的手。
qián qián hòu hòu dōu shì rén, yào wò zhù mā ma de shǒu

媽媽一回家就煮飯。
mā ma yī huí jiā jiù zhǔ fàn

這就是哥哥的眼鏡。
zhè jiù shì gē ge de yǎn jìng

11. 找一找 Find the words
zhǎo yī zhǎo

燈	我	左	走	路
綠	邊	明	小	你
紅	開	心	學	小
嘴	車	下	一	聽
臉	見	班	上	看
吃	右	的	可	以

1. 小明
2. 開車
3. 上班
4. 走路
5. 左邊
6. 紅綠燈

Lesson 6

名字 Name:________________

12. 看圖選詞 Choose the correct answer according to the picture
kàn tú xuǎn cí

 (　　　) 我們（1. 走路　2. 開車）去學校。

(　　　) 三明治在（1. 左邊　2. 右邊　3. 上面）。

 (　　　) 看見（1. 紅燈　2. 綠燈　3. 黃燈）可以走。

 (　　　) 咖啡在桌子（1.上面　2.下面　3.後面）。

 (　　　)（1. 我在後面　2. 我在前面）。

13. 寫拼音 Fill in the Pinyin
xiě pīn yīn

shàng bān	zǒu lù	kàn jiàn	bú jiàn	kāi chē	shàng xué

開車  ________________　　走路  ________________

看見  ________________　　不見  ________________

上學 

________________　　上班  ________________

車 W2_L6	路 W2_L6	左 W2_L6
右 W2_L6	前 W2_L6	後 W2_L6
紅 W2_L6	綠 W2_L6	燈 W2_L6
停 W2_L6	就 W2_L6	面 W2_L6
往 W2_L6	轉 W2_L6	走路 W2_L6

Lesson 7

18
藍
艸部
lán blue; a surname

12
雲
雨部
yún cloud

11
球
玉部
qiú ball; the globe

12
散
攴部
sàn to disperse; to give out; to dispel

Lesson 7

Strokes	Character	Radical	Pinyin	Meaning
7	步	止部	bù	step, pace; to go on foot
10	草	艸部	cǎo	grass
6	地	土部	dì	ground earth
8	玩	玉部	wán	to have fun; to trifle with; object for appreciation

Lesson 7

13 遊 辵部	yóu to tour, to travel, to roam; roving 丶 亠 方 方 方 方 扩 於 斿 斿 游 游 遊
17 戲 戈部	xì play, show; to make fun of 丨 卜 卢 广 卢 卢 卢 虍 虍 虛 虛 虛 虛 戲 戲 戲 戲
13 愛 心部	ài love, affection; to love 一 ⺈ ⺈ ⺈ ⺈ 爫 爫 爫 爫 爫 爱 爱 愛
12 黑 黑部	hēi black, dark 丨 冂 冂 冂 四 四 甲 里 里 里 黑 黑

Snakes and Ladders

21 di4,de 地	22 se4,shǎi 色	23 我	24 tíng 停	End - 25 hēi 黑
20 手	19 zuǒ 左	18 本	17 子	16 耳
11 ài 愛	12 wán 玩	13 你	14 他	15 san3,sàn 散
10 jù 句	9 qiú 球	8 yòu 右	7 lán 藍	6 yún 雲
Start - 1 cǎo 草	2 xì 戲	3 yóu 遊	4 qì 氣	5 bù 步

Lesson 7

名字 Name:_______________

1. 寫中文 Writing Chinese words
xiě zhōng wén

play ball ________________ weather ________________

black ________________ games ________________

blue ________________ meadow ________________

red ________________ love ________________

white ________________ blue sky ________________

2. 寫拼音 Writing Pinyin
xiě pīn yīn

好不好 ________________ 草地 ________________

藍天 ________________ 白雲 ________________

散步 ________________ 遊戲 ________________

打球 ________________ 黑色 ________________

天氣 ________________ 紅色 ________________

Lesson 7

名字 Name:________________

3. 配合題 Matching
pèi hé tí

( )	藍色	A.	red
( )	打球	B.	black
( )	白色	C.	stroll; take a walk
( )	遊戲	D.	love
( )	黑色	E.	blue
( )	愛	F.	weather
( )	紅色	G.	play ball
( )	綠色	H.	white
( )	散步	I.	games
( )	天氣	J.	green

4. 讀讀看 Read aloud
dú dú kàn

青青的草地，藍藍的天，
qīng qīng de cǎo dì lán lán de tiān

我們一起玩遊戲，
wǒ men yī qǐ wán yóu xì

你打球，我散步，他看書，
nǐ dǎ qiú wǒ sàn bù tā kàn shū

多美麗的一天。
duō měi lì de yī tiān

Lesson 7

名字 Name:________________

5. 找顏色 Find the correct color words

zhǎo yán sè

黑色	紅色	綠色	白色
黃色	藍色	灰色(gray) huī sè	紫色(purple) zǐ sè

1.  ________________

2. 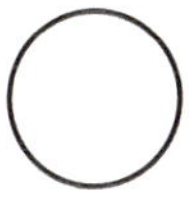 ________________

3.  ________________

4.  ________________

5. ________________

6.  ________________

6. 塗顏色 Color the words

tú yán sè

綠 紅 藍 黃

綠 藍 紅 黃 綠 黃 紅 藍

藍 綠 黃 紅 藍 綠 黃 紅

黃 藍 綠 紅 黃 藍 綠 紅

紅 綠 藍 黃 紅 綠 藍 黃

Lesson 7

名字 Name:________________

7. 選擇題 Multiple choice
xuǎn zé tí

(　　) black 就是（A. 黑色　B. 紅色　C.藍色　D. 綠色）。

(　　) 打球（A.play piano　B.play chess　C.play ball　D.play computer）

(　　) 我們要去（A. 黴步　B. 散步　C. 教步　D. 散涉）。

(　　) 今天的（A. 大氣　B. 天氣　C. 天汽）很好。

(　　) 弟弟要去同學家（A. 皖　B. 完　C. 玩　D.脘）。

(　　) 我們的書在（A. 草地　B. 草池　C. 早也　D. 草弛）上。

(　　) 大家喜歡（A. 遊戲　B. 遊戰　C. 游戈　D. 游戋）。

(　　) blue sky 就是（A. 監天　B. 藍禾　C. 濫天　D. 藍天）。

(　　) 我的帽子是（A. 杠色　B. 紅色　C. 缸色　D. 虹色）。

(　　) 我（A. 嗳　B. 瑷　C. 璦　D. 愛）我的家。

8. 讀一讀 Read aloud
dú yī dú

今天天氣很好，是晴天。
jīn tiān tiān qì hěn hǎo　shì qíng tiān

昨天天氣不好，是陰天。
zuó tiān tiān qì bù hǎo　shì yīn tiān

明天天氣預報是下雨天。
míng tiān tiān qì yù bào shì xià yǔ tiān

名字 Name:________________

9. 填填看 Fill the blanks

tián tián

黑帽子	紅鞋	白鞋
白雲	綠草地	藍帽子

 ________________

 ________________

 ________________

 ________________

 ________________

 ________________

Lesson 7

名字 Name:________________

10. 選擇題 Multiple choice
xuǎn zé tí

( ) 他喜歡在學校裡 (A. 打求 B. 打球 C. 打俅)。

( ) 我們一起吃飯 (A. 好不好？ B. 女不女？ C. 奴不奴？)

( ) 學校裡有 (A. 草地 B. 果地 C. 革地)。

( ) 我和奶奶要去 (A. 敢步 B. 撒步 C. 散步)。

( ) 今天 (A. 天汽 B. 天氣 C. 天乞) 很好。

( ) 我 (A. 愛 B. 受 C. 援) 我的弟弟。

( ) 我們在玩 (A. 放戲 B. 游據 C. 遊戲)。

( ) 妹妹的鞋子是 (A. 漯色 B. 黑色 C. 里色) 的。

( ) (A. 嵐天 B. 監天 C. 藍天) 白雲天氣好。

( ) red 就是 (A. 紅色 B. 虹色 C. 江色)

11. 讀讀看 Read aloud
dú dú kàn

哥哥在家做功課。
gē ge zài jiā zuò gōng kè

我愛唱歌也愛跳舞。
wǒ ài chàng gē yě ài tiào wǔ

Lesson 7

名字 Name:________________

12. 寫拼音 Writing Pinyin
xiě pin yin

àì	wán	lán	qì	qiú	xì
zài	bái	tiān	sàn	yóu	cǎo

球 qiú________________ 散 ________________

氣 ________________ 愛 ________________

玩 ________________ 草 ________________

白 ________________ 藍 ________________

在 ________________ 遊 ________________

戲 ________________ 天 ________________

Lesson 7 名字 Name:________________

13. 連連看 Matching
lián lián kàn

黑色 •	• black	藍天 •	• blue sky
白色 •	• blue	白雲 •	• white cloud
藍色 •	• white	綠草地 •	• traffic lights
紅色 •	• green	紅綠燈 •	• green meadow
綠色 •	• red	紅燈 •	• red light

今天 •	• tomorrow
明天 •	• today
昨天 •	• the day after tomorrow
前天 •	• yesterday
後天 •	• the day before yesterday

打球 •	• play ball
散步 •	• read books
看書 •	• take a walk; stroll
玩遊戲 •	• play games

藍 W2_L7	雲 W2_L7	球 W2_L7
草 W2_L7	地 W2_L7	玩 W2_L7
愛 W2_L7	黑 W2_L7	氣 W2_L7
色 W2_L7	散 W2_L7	步 W2_L7
遊 W2_L7	戲 W2_L7	天氣 W2_L7

Lesson 8

Character	Pronunciation and meaning
9 春 日部	chūn springtime
14 種 禾部	zhòng to plant, to sow / (zhǒng) seed; kind
8 花 艸部	huā flower; to spend money or time; a surname
10 夏 夊部	xià summer; ancient name for China; a surname

Lesson 8

10 除 阜部	chú to get rid of; except; to divide ⺁ 阝 阝 阝 阾 除 除 除 除 除
9 秋 禾部	qiū fall, autumn 丿 二 千 禾 禾 禾 秋 秋 秋
11 掃 手部	sǎo to sweep, to clear away 一 扌 扌 扫 扫 扫 扫 掃 掃 掃 掃
13 落 艸部	luò to fall; to decline; to fall behind 丶 艹 艹 艹 艹 艹 茫 茫 茫 茨 落 落 落

Lesson 8

13 **葉** 艸部	yè leaf; leaf-like thing; a historical period; a surname
5 **冬** 冫部	dōng winter
鏟	chǎn to shovel; to remove; spade, shovel
11 **雪** 雨部	xuě snow; to avenge; snowy white

Snakes and Ladders

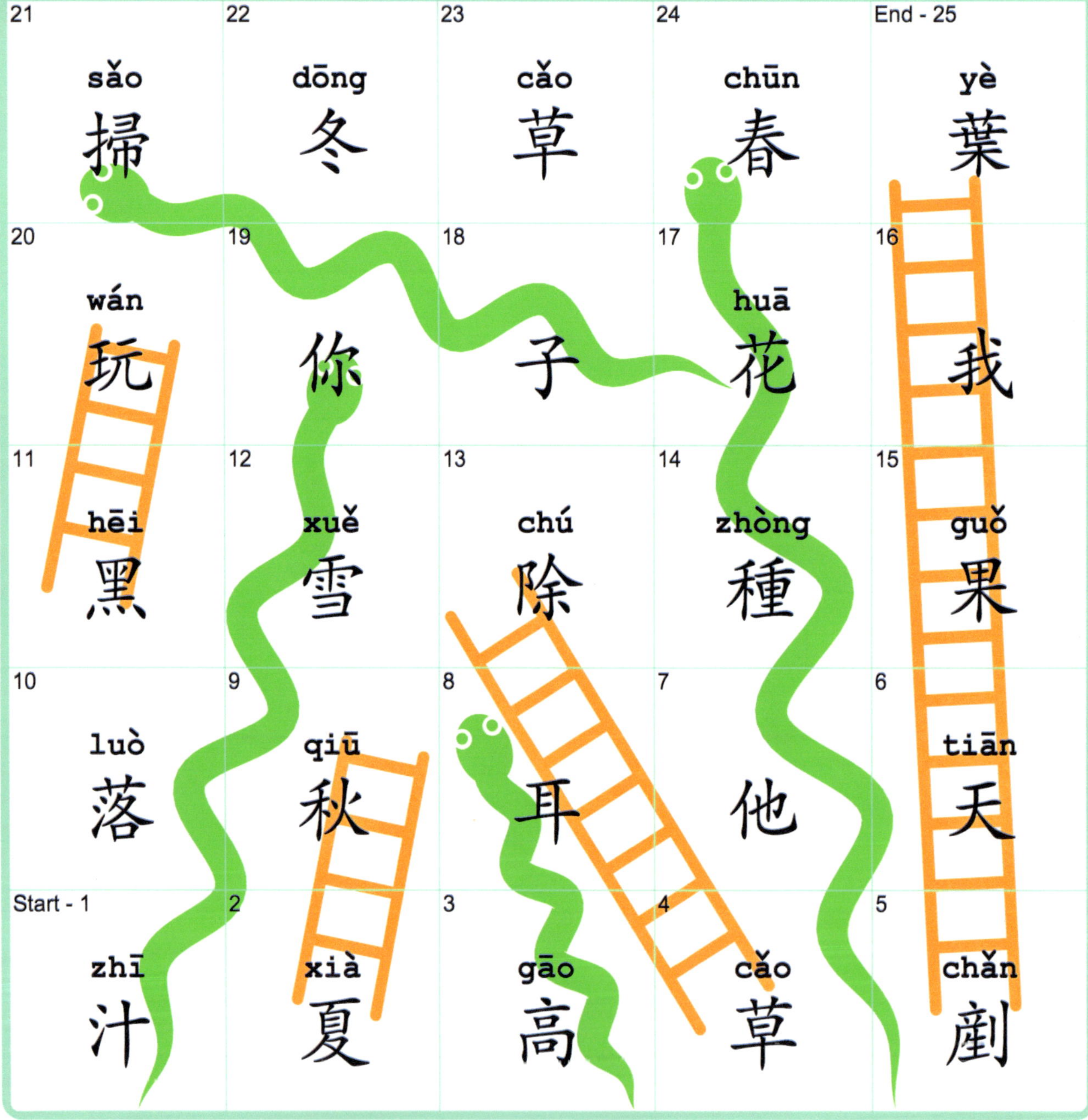

Lesson 8

名字 Name:________________

1. 寫中文 Writing Chinese words
xiě zhōng wén

spring ________________ summer ________________

autumn ________________ to shovel ________________

falling leaves ________________ winter ________________

to plant ________________ to weed ________________

to snow ________________ lower ________________

2. 寫拼音 Writing Pinyin
xiě pin yin

春天 ________________ 剷雪 ________________

夏天 ________________ 落葉 ________________

秋天 ________________ 掃地 ________________

冬天 ________________ 種花 ________________

除草 ________________ 除草 ________________

Lesson 8　　名字 Name:________________

3. 配合題 Matching
pèi hé tí

(　　　) 夏天	A. spring
(　　　) 春天	B. summer
(　　　) 種花	C. stroll; take a walk
(　　　) 掃落葉	D. plant flowers
(　　　) 冬天	E. sweep falling leaves
(　　　) 夏天	F. weather
(　　　) 剷雪	G. to weed
(　　　) 除草	H. to shovel snow
(　　　) 散步	I. winter
(　　　) 天氣	J. summer

4. 讀讀看 Read aloud
dú dú kàn

春天裡，花開了，草綠了。
chūn tiān lǐ huā kāi le cǎo lyù le

夏天裡，好熱啊，去游泳。
xià tiān lǐ hǎo rè ā qù yóu yǒng

秋天裡，摘南瓜，掃落葉。
qiu tiān lǐ zhāi nán guā sǎo lùo yè

冬天裡，穿厚衣，去滑雪。
dōng tiān lǐ chuān hòu yī qù huá xuě

Lesson 8 名字 Name:________________

5. 找英文 Find the English words
zhǎo yīng wén

春天 (L)	種花 ( )	掃 ( )	愛 ( )
到 ( )	天氣 ( )	秋天 ( )	雪 ( )
夏天 ( )	遊戲 ( )	葉子 ( )	打球 ( )
除草 ( )	都 ( )	散步 ( )	冬天 ( )

A take a walk	B play ball	C weed	D summer
E games	F leaf	G arrive...	H winter
I autumn	J sweep	K all...	L spring
M love	N snow	O plant flowers	P weather

Lesson 8

名字 Name:_______________

6. 選擇題 Multiple choice
xuǎn zé tí

( ) 你喜歡 (A. 仲花 B. 種花 C. 鐘花 D. 重花) 嗎?

( ) (A. 参天 B. 泰天 C. 春天 D. 椿天) 有很多花。

( ) 爸爸星期六會 (A. 余草 B. 涂草 C. 除草)。

( ) Winter 就是 (A. 冬天 B. 苳天 C. 咚天)。

( ) 秋天到了掃 (A. 落蝶 B. 洛叶 C. 落葉)。

( ) 冬天到了要 (A. 鏟雪 B. 剷雪 C. 產雪)。

( ) 我好愛 (A. 廈天 B. 复天 C. 夏天)。

( ) 我和妹妹 (A. 者 B. 都 C. 堵) 去中文學校。

( ) 你的朋友 (A. 到了 B. 倒了 C. 至了) 嗎?

( ) four seasons有 (A. 媋夏楸咚 B. 春夏秋冬)。

Lesson 8

名字 Name:______________

7. 找一找 Matching

zhǎo yī zhǎo

(9) 我愛春天。

(   ) 冬天到了。

(   ) 這裡不會下雪。

(   ) 秋天葉子很好看。

(   ) 我和媽媽一起種花。

(   ) 誰掃落葉？

(   ) 哥哥剷雪。

(   ) 我家在加拿大。

(   ) 我家除了爸爸媽媽，還有我和姐姐。

(   ) 我家在新加坡。

1. Who has swept up the fallen leaves?
2. My older brother shoveled the snow.
3. My homeland is Singapore.
4. My homeland is Canada.
5. Winter has arrived.
6. This place will not get any snow.
7. Besides my parents, still have my older sister and me in my family.
8. Mom and me were planting flowers together.
9. I love spring.
10. The autumn's leaves are so beautiful.

Lesson 8 名字 Name:______________

8. 選擇題 Multiple choice
xuǎn zé tí

( ) 春天 (A. Monday B. spring C. leaf D. flowers)

( ) 種花 (A. plant flowers B. weed C. snow)

( ) 秋天 (A. spring B. today C. autumn D. summer)

( ) 剷雪 (A. cook B. plant flowers C. shovel snow D.weed)

( ) 掃落葉 (A.raining B. sweep fallen leaves)

( ) 冬天 (A. winter B. garden C. grass D. spring)

( ) 除草 (A. shovel snow B. sweep leaves C. weed)

( ) 新加坡 (A. China B. Japan C. Korea D. Singapore)

( ) 夏天 (A. winter B. summer C. spring)

( ) 加拿大 (A. China B. Canada C. Singapore)

9. 讀一讀 Read aloud
dú yī dú

春天來了，去看花。
chūn tiān lái le qù kàn huā

夏天來了，除野草。
xià tiān lái le chú yě cǎo

秋天來了，掃落葉。
qīu tiān lái le sǎo lùo yè

冬天來了，做雪人。
dōng tiān lái le zuò xuě rén

Lesson 8

名字 Name:________________

10. 連連看 Matching
liān lián kàn

春天 •	• winter
掃 •	• sweep
冬天 •	• spring
都 •	• love
夏天 •	• autumn / fall
到 •	• all....
秋天 •	• summer
愛 •	• arrive.....

加拿大 •	• Canada
新加坡 •	• America
中國 •	• China
美國 •	• Singapore

落葉 •	• plant flowers
種花 •	• falling leaves
除草 •	• shovel snow
剷雪 •	• weed

Lesson 8 名字 Name:______________

11. 選擇題 Multiple choice
xuǎn zé tí

( ) summer (A. 春天 B. 秋天 C. 夏天 D. 每天)

( ) older brother (A. 哥哥 B. 姐姐 C. 爸爸)

( ) shovel snow (A. 落葉 B. 剷雪 C. 今天)

( ) winter (A. 春天 B. 冬天 C. 夏天 D. 昨天)

( ) love (A. 到 B. 好 C. 愛 D. 都)

( ) spring (A. 春天 B. 夏天 C. 秋天 D. 冬天)

( ) Canada (A. 新加坡 B. 中國 C. 加拿大 D. 美國)

( ) autumn (A. 秋天 B. 冬天 C. 春天 D. 前天)

( ) plant flowers (A. 除草 B. 种花 C. 散步)

( ) sweep (A. 都 B. 到 C. 掃 D. 落)

12. 讀讀看 Read aloud
dú dú kàn

今年我和妹妹都長高了。
jīn nián wǒ hé mèi mei dōu cháng gāo le

我的褲子，除了黑色，還有黃色。
wǒ de kù zi chú le hēi sè hái yǒu huáng sè

我去上學，有時媽媽送我去，有時爸爸送我去。
wǒ qù shàng xué yǒu shí mā ma sòng wǒ qù yǒu shí bà ba sòng wǒ qù

春 W2_L8	夏 W2_L8	秋 W2_L8
冬 W2_L8	種 W2_L8	花 W2_L8
天 W2_L8	除 W2_L8	掃 W2_L8
落 W2_L8	葉 W2_L8	劇 W2_L8
雪 W2_L8	掃地 W2_L8	除草 W2_L8

Lesson 9

10 真 目部

zhēn real, true; really, indeed

7 辛 辛部

xīn hot (in taste); hard, laborious; a surname

9 苦 艸部

kǔ bitter; painful, suffering

9 洗 水部

xǐ to wash; to baptize; to redress, to right

Lesson 9

Strokes	Character	Radical	Pinyin	Meaning
6	衣	衣部	yī	clothes; coating
8	服	月部	fú	clothes; to take (medicine); to obey; to be accustomed
15	寫	宀部	xiě	to write
5	功	力部	gōng	merit; achievement

Lesson 9

15 課 言部	kè lesson, course, class 丶 亠 亠 言 言 言 言 訁 訂 訂 詛 諢 諢 課 課
8 幸 干部	xìng good fortune 一 十 土 去 去 击 击 幸
13 福 示部	fú good fortune; auspicious 丶 ㇇ 礻 礻 礻 礻 祀 祀 祀 福 福 福 福
9 昨 日部	zuó yesterday 丨 冂 日 日 日' 旷 旷 昨 昨

Snakes and Ladders

21 zuó 昨	22 吃	23 fú 福	24 耳	End - 25 huā 花
20 kǔ 苦	19 xìng 幸	18 gōng 功	17 yī 衣	16 天
11 我	12 xià 夏	13 chūn 春	14 你	15 他
10 cǎo 草	9 包	8 fú 服	7 xǐ 洗	6 zhēn 真
Start - 1 hái 還	2 kè 課	3 hēi 黑	4 xiě 寫	5 xīn 辛

Lesson 9

名字：________________

1. 寫中文 Writing Chinese words

xiě zhōng wén

Work hard ________________ to type ________________

cook a meal ________________ to write ________________

homework ________________ happiness ________________

wash clothes ________________ really ________________

buy groceries ________________ not yet ________________

2. 寫拼音 Writing pin-yin

xiě pīn yīn

幸福 ________________ 好了嗎 ________________

買菜 ________________ 洗衣服 ________________

寫字 ________________ 做飯 ________________

功課 ________________ 還沒 ________________

辛苦 ________________ 真 ________________

Lesson 9

名字：________________

3. 配合題 Matching
pèi hé tí

( )	做飯	A. write
( )	衣服	B. hardworking
( )	洗	C. buy groceries
( )	真	D. clothes
( )	寫字	E. mother
( )	功課	F. wash
( )	辛苦	G. happiness
( )	買菜	H. cook a meal
( )	幸福	I. really…
( )	媽媽	J. homework

4. 讀讀看 Read aloud
dú dú kàn

媽媽做菜給我吃，
mā mā zuò cài gěi wǒ chī

媽媽喜歡陪我玩，
mā mā xǐ huān péi wǒ wán

媽媽教我做功課，
mā mā jiāo wǒ zuò gōng kè

媽媽，媽媽，我愛妳！
mā mā mā mā wǒ ài nǐ

Lesson 9 名字：________________

5. 選擇題 Multiple Choices
xuǎn zé tí

(　　) 你做 (A.叻棵　B.功課　C.加課) 了嗎？

(　　) 姐姐在 (A.洗衣服　B.先衣月　C.洒依服)≣

(　　) 我們真 (A.辛幅　B.幸副　C.幸福)≣

(　　) 媽媽要買菜 (A.故飯　B.估返　C. 做飯)≣

(　　) 哥哥 (A.敖　B.效　C.政　D.教) 我打球。

(　　) 我上學很 (A.幸古　B.辛苦　C.辜苦)≣

(　　) 我要寫字，(A.還要　B.環要　C.過要) 看書。

(　　) 你的鞋子 (A.具　B.貞　C.慎　D.真) 好看。

(　　) (A.寺一下　B.第一下　C.等一下) 我要去她家。

(　　) 姐姐做的飯 (A.恨　B.很　C.眼　D.报) 好吃。

Lesson 9

名字：_______________

6. 找一找 Circle the words
zhǎo yī zhǎo

洗	的	寫	打	上
衣	字	做	功	課
服	散	可	明	真
媽	媽	以	辛	買
好	很	苦	後	菜

1. 媽媽
2. 買菜
3. 寫字
4. 做功課
5. 洗衣服
6. 真辛苦

買	幸	福	落	葉
了	要	好	了	嗎
真	還	掃	紅	服
做	苦	地	秋	衣
雪	飯	教	我	穿

1. 穿衣服
2. 幸福
3. 做飯
4. 掃地
5. 還要
6. 好了嗎

Lesson 9

名字：________________

7. 看圖找詞 Find the words to fit the picture

kàn tú zhǎo cí

功課	做飯	打字	媽媽	好了嗎
寫字	幸福	買菜	教	洗衣服

____

____

____

____

____

____

____

____

____

____

Lesson 9　　名字：__________

8. 連連看 (lián lián kàn) Connect to the correct answer

打字	to write
做飯	to cook
寫字	to type
買菜	buy groceries

穿衣服	buy clothes
真幸福	work really hard
洗衣服	wash clothes
真辛苦	happiness
買衣服	wear clothes
真好吃	delicious

眼睛	eye
早上	evening/night
耳朵	ear
晚上	morning

Lesson 9　名字:________________

9. 讀讀看 Read aloud
dú dú kàn

我和媽媽去買菜。媽媽做飯，我幫忙。
wǒ hé mā mā qù mǎi cài mā mā zuò fàn wǒ bāng máng

洗衣，掃地，很多事，我們一起做家事。
xǐ yī sǎo dì hěn duō shì wǒ men yī qǐ zuò jiā shì

我要吃香蕉，還要喝牛奶。
wǒ yào chī xiāng jiāo hái yào hē niú nǎi

弟弟要穿鞋子還要戴帽子。
dì dì yào chuān xié zi hái yào dài mào zi

媽媽做的蛋糕真好吃。
mā mā zuò de dàn gāo zhēn hǎo chī

10. 選擇題 Multiple Choices
xuǎn zé tí

(　　) 媽媽 (A.效我　B.教我　C.較我) 做功課。

(　　) 姐姐在 (A.先　B.洒　C.洗) 衣服。

(　　) 媽媽買菜很 (A.幸古　B.辛苦　C.鋅苦)。

(　　) 我有手可以 (A.寫字　B.瀉字　C.鞋字)

(　　) 弟弟一 (A.口家　B.茴家　C.回家) 就玩遊戲。

Lesson 9

名字：________________

11. 填填看 Fill in the blanks
tián tián kàn

手	眼睛	嘴	耳朵

- 我有________________，可以看天，看地，看花。
- 我有________________，可以聽你說，聽他說。
- 我有________________，可以吃這個，吃那個。
- 我有________________，可以做事，打球。

做飯	洗衣服	掃地	買菜

 ________________  ________________

 ________________  ________________

真 W2_L9	辛 W2_L9	苦 W2_L9
洗 W2_L9	衣 W2_L9	服 W2_L9
寫 W2_L9	功 W2_L9	課 W2_L9
昨 W2_L9	還 W2_L9	幸 W2_L9
福 W2_L9	寫字 W2_L9	家事 W2_L9

Lesson 10

Strokes	Character	Radical	Pinyin	Meaning
10	能	肉部	néng	can, able
13	幹	干部	gàn	trunk of a tree; to work
10	班	玉部	bān	class; shift, duty; a surname
17	賺	貝部	zhuàn	to earn (money)

Lesson 10

13 照 火部	zhào to shine; to reflect; photograph; license; according to
21 顧 頁部	gù to turn around and look at; to attend to; to visit
7 每 毋部	měi every, each; per
11 從 彳部	cóng from, since; to follow

Lesson 10

6 忙 心部	máng busy; to hurry, to hasten 忄 忄 忄 忄 忙 忙
11 接 手部	jiē to connect; to accept, to receive 一 扌 扌 扌 扩 扩 扩 护 拦 接 接
10 送 辵部	sòng to deliver; to present, to give; to see off, accompany 丶 丷 䒑 兰 关 关 关 送 送 送
2 又 又部	yòu again フ 又

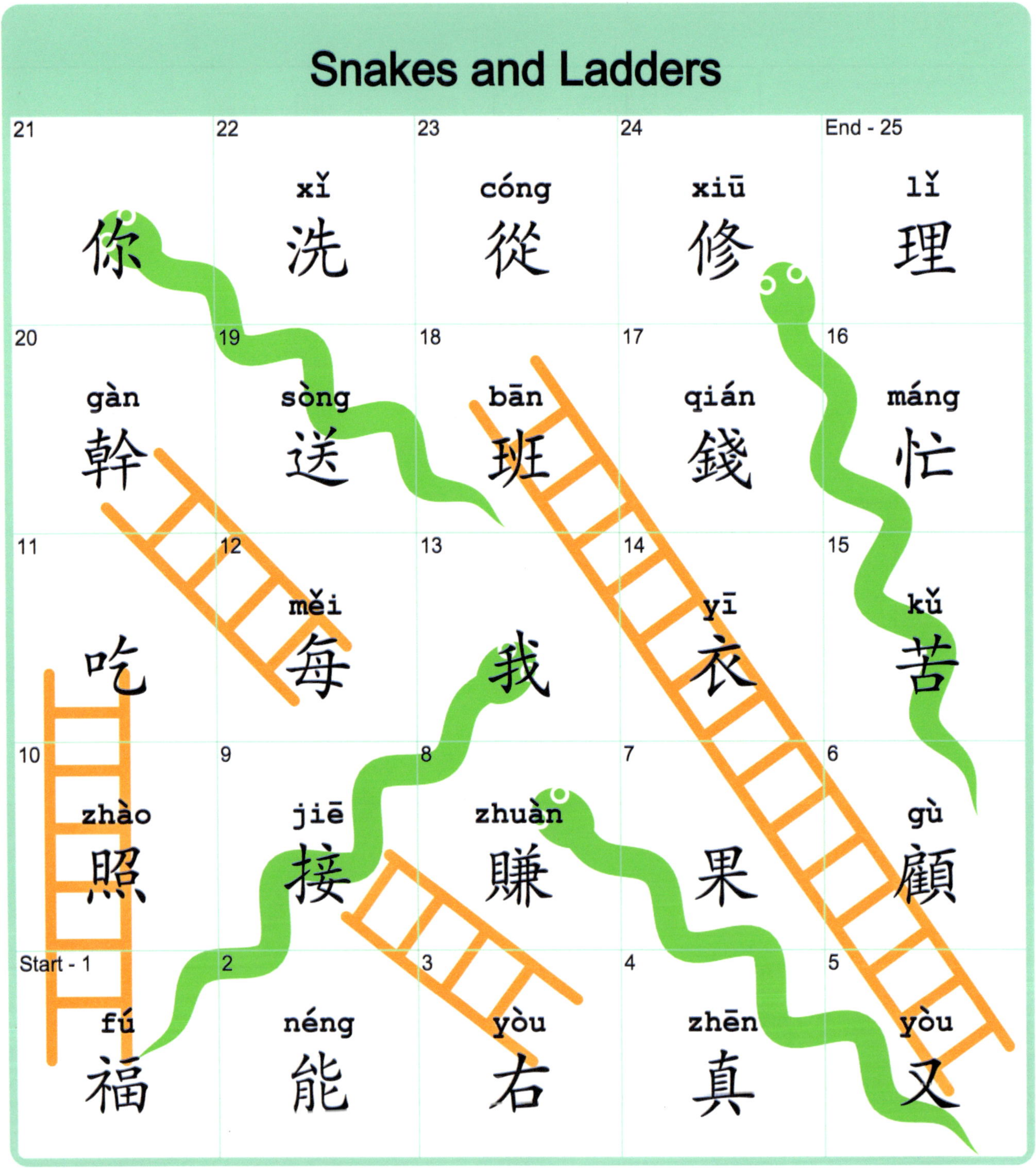
Snakes and Ladders
21
你
22
xǐ
洗
23
cóng
從
24
xiū
修
End - 25
lǐ
理
20
gàn
幹
19
sòng
送
18
bān
班
17
qián
錢
16
máng
忙
11
吃
12
měi
每
13
我
14
yī
衣
15
kǔ
苦
10
zhào
照
9
jiē
接
8
zhuàn
賺
7
果
6
gù
顧
Start - 1
fú
福
2
néng
能
3
yòu
右
4
zhēn
真
5
yòu
又

Lesson 10

名字 Name:_______________

1. 寫中文 Writing Chinese words
xiě zhōng wén

pick (someone) up____________ to send __________________

capable _________________ to take care of _______________

earn money ______________ go to work __________________

everyday ________________ after school _________________

busy _____________________ get off work _________________

2. 寫拼音 Writing Pinyin
xiě pīn yīn

每天 _________________ 上班 _________________

能幹 _________________ 從早 _________________

接送 _________________ 上課 _________________

照顧 _________________ 很忙 _________________

賺錢 _________________ 不能 _________________

Lesson 10

名字 Name:________________

3. 配合題 Matching
pèi hé tí

( ) 每天	A. capable
( ) 幸福	B. Sunday
( ) 愛	C. happiness
( ) 上班	D. to cook
( ) 能幹	E. go to work
( ) 忙	F. everyday
( ) 星期天	G. buy groceries
( ) 買菜	H. love
( ) 做飯	I. earn money
( ) 賺錢	J. busy

4. 讀讀看 Read aloud
dú dú kàn

爸爸忙上班，還要照顧我，
bà ba máng shàng bān, hái yào zhào gù wǒ,

教我寫功課，和我玩遊戲。
jiāo wǒ xiě gōng kè, hé wǒ wán yóu xì.

Lesson 10

名字 Name:________________

5. 選擇題 Multiple choice

xuǎn zé tí

(　　) 我 (A.海天　B.每天　C.莓天) 做功課。

(　　) 哥哥開車去 (A. 上斑　B.上珪　C.上班)。

(　　) 我的爸爸真 (A. 能幹　B.能汗　C.能竿)。

(　　) 下午，媽媽來 (A.妾　B.接　C.淁) 我回家。

(　　) 我今天從早 (A.芒　B.忙　C.邙) 到現在。

(　　) 早上，奶奶 (A.訟　B.選　C.送　D.松) 我去學校。

(　　) 你家，有誰在 (A.賺錢　B.賺淺　C.兼錢)？

(　　) 姐姐會 (A.昭顧　B.招頋　C.照顧) 弟弟妹妹。

(　　) 星期六要去中文學校 (A.上顆　B.上棵　C.上課)。

(　　) 我 (A.坊學　B.放學　C.枋學) 後，要去小明家。

Lesson 10

名字 Name:________________

6. 連連看 Matching

liān liān kàn

上班 •	• shàn bān
好不好 •	• néng bù néng
上學 •	• shàng kè
忙不忙 •	• máng bù máng
上課 •	• shàng xué
能不能 •	• hǎo bù hǎo

早上 •	• wǎn shàng
還要 •	• hái méi
晚上 •	• zǎo shàng
還有 •	• hái yào
下午 •	• xià wǔ
還沒 •	• hái yǒu

Lesson 10

名字 Name:______________

7. 選擇題 Multiple choice
xuǎn zé tí

( ) 賺錢 (A.use money B.spend money C.earn money)

( ) 照顧 (A.take money B.take care of C.drive a car)

( ) 每天 (A. everyday B. everybody C.every month)

( ) 能幹 (A. unable B. capable C. lots of work)

( ) 接 (A.to send B.to pick (someone) up C.go to work)

( ) 上學（A. go shopping B. go home C. go to school)

( ) 下午5點 (A.15:00pm B.5:00am C.5:00pm)

( ) 星期三 (A. Friday B. Wednesday C. Sunday)

( ) 很忙 (A. very busy B. very happy C. very pretty)

( ) 回家 (A. go to school B. go to work C. go home)

8. 讀一讀 Read aloud
dú yì dú

爸爸送我上課。
bà ba sòng wǒ shàng kè

媽媽接我回家。
mā ma jiē wǒ húi jiā

爸爸會做很多事，從早忙到晚。
bà ba hùi zuò hěn duō shì, cóng zǎo máng dào wǎn

名字 Name:________________

9. 看圖找詞 Find the word that matches the picture

kàn tú zhǎo cí

照顧	接送	賺錢	每天
爸爸	忙	上學	上課

____

____

____

____

____

____

____

____

Lesson 10

名字 Name:________________

10. 找一找 Find the words

zhǎo yī zhǎo

可	能	爸	你	福	好
以	不	爸	幸	上	課
買	能	媽	洗	衣	服
還	菜	媽	學	校	真
要	來	做	功	課	辛
散	步	教	飯	吃	苦

A. 爸爸媽媽

B. 買菜做飯

C. 洗衣服

D. 做功課

E. 真辛苦

F. 能不能

好	眞	做	掃	上	還
忙	辛	地	事	學	要
顧	苦	送	接	洗	衣
照	愛	我	的	爸	媽
功	寫	開	賺	錢	走
課	字	好	不	好	路

A. 還要

B. 接送

C. 寫字

D. 掃地

E. 賺錢

F. 照顧

Lesson 10

名字 Name:_______________

11. 造句 Make the sentences
zào jù

- 忙不忙

____

- 會不會

____

- 能不能

____

- 從...到...

____

- 又...又...

____

12. 讀一讀 Read aloud
dú yi dú

妹妹又看書，又玩電腦。
mèi mei yòu kàn shū yòu wán diàn nǎo

哥哥從去年到今年都要上功夫課。
gē ge cóng qù nián dào jīn nián dōu yào shàng gōng fū kè

我不做完功課，不能玩電腦遊戲。
wǒ bú zuò wán gōng kè bú néng wán diàn nǎo yóu xì

能 W2_L10	幹 W2_L10	班 W2_L10
賺 W2_L10	每 W2_L10	從 W2_L10
忙 W2_L10	照 W2_L10	顧 W2_L10
接 W2_L10	送 W2_L10	又 W2_L10
錢 W2_L10	修理 W2_L10	不能 W2_L10

Made in the USA
Columbia, SC
22 July 2024

38585679R00082